童眼识天下 科普馆

XUAN LI DE HUA ER
绚丽的花儿

童心○编绘

化学工业出版社
·北京·

编绘人员：

王艳娥　王迎春　康翠苹　崔　颖　王晓楠　姜　茵
李佳兴　丁　雪　李春颖　董维维　陈国锐　寇乾坤
王　冰　张玲玮　盛利强　边　悦　王　岩　李　笪
张云廷　陈宇婧　宋焱煊　赵　航　于冬晴　杨利荣
张　灿　李文达　吴朋超　曲直好　付亚娟　陈雨溪
刘聪俐　陈　楠　滕程伟　高　鹏　虞佳鑫

图书在版编目（CIP）数据

童眼识天下科普馆.绚丽的花儿 / 童心编绘 . —北京：
化学工业出版社，2017.8（2025.5 重印）
　ISBN 978-7-122-30127-7

　Ⅰ.①童… 　Ⅱ.①童… 　Ⅲ.①常识课 - 学前教育 -
教学参考资料 　Ⅳ.①G613

中国版本图书馆 CIP 数据核字（2017）第 157552 号

项目策划：丁尚林	责任校对：宋　玮
责任编辑：隋权玲	装帧设计：刘丽华

出版发行：化学工业出版社(北京市东城区青年湖南街13号　邮政编码100011)
印　　装：北京宝隆世纪印刷有限公司
889mm×1194mm　1/20　印张4　2025年5月北京第1版第9次印刷

购书咨询：010-64518888
售后服务：010-64518899
网　　址：http://www.cip.com.cn
凡购买本书，如有缺损质量问题，本社销售中心负责调换。

定　　价：25.00元

花在地球上出现的时间要比人类早得多，早在恐龙生活的年代就已经有花存在了。花大多由花梗、花冠、花萼、花托、花被、花蕊组成，但它们的模样却千姿百态、各色各异。

美丽的花把世界装点得五光十色、绚丽多姿。牡丹艳压群芳，菊花淡雅高洁，水仙超凡脱俗，荷花出淤泥而不染，梅花傲视冰雪，茉莉清新幽香……每一种花都拥有属于自己的美。

从古至今，花一直非常惹人喜爱。代表坚毅的梅花，象征温馨祝福的康乃馨，表达光辉信念的向日葵，人们赋予花儿不同的人文内涵……你想不想认识这些花？叫出它们的名字？那就赶快翻开《绚丽的花儿》一书，到花的海洋中徜徉吧！

目录
CONTENTS

32

14

22

70

梅花，花中魁首

冬天，当百花凋零的时候，梅花却在枝头悄悄地绽放，与漫天冰雪为伴，形成一幅独特的画卷，漂亮极了！因为品格坚韧，不畏严寒，梅花与兰、竹、菊并称为"花中四君子"。

俏丽的模样

梅是一种小乔木，可以长到 10 米高。冬春两季，梅树上会开出美丽的花朵。梅花的花梗很短，花萼是红褐色的，花瓣多为纯洁的白色或艳丽的粉色。花期过后，梅树上会长出椭圆形的小叶子，叶边还有很多整齐的锯齿。

长寿

梅树生长在一些气候温暖的地方。这种树即使被砍断，也能再次冒出翠绿的新芽，长出枝条，生命力非常顽强！梅树的寿命普遍很长，一般都能活三五百年，有些老寿星甚至能存活上千年呢。

梅花为什么是花中魁首？

在严冬盛开的梅花拥有不屈不挠的可贵品质，体现了顽强奋斗的精神以及不畏艰难的气节。所以，千百年来，梅花一直被大家称赞为最有气节的花，位列中国十大名花之首，很多文人墨客为之倾倒。

艳压群芳的牡丹

如果百花聚集到一起比比谁最好看，那么倾国倾城的牡丹一定能脱颖而出，因为它的美实在是让人难以忘怀。牡丹国色天香，雍容华贵，每一朵都透着与生俱来的贵气。

牡丹开花了！

牡丹是一种落叶灌木。它的茎很高，叶子像神话中的三叉戟，十分别致，那独自绽放在枝头的大花朵，无疑是它最亮眼的地方。牡丹的花瓣边缘有不规则的褶皱，自然又美观，一层又一层的花瓣叠加在一起，宽窄有度，像是用彩纸剪裁出来的。

暖暖的阳光，它喜欢

　　牡丹适宜在土壤肥沃、排水良好的地方生长，充足的光照是它生长的首要条件。不过，千万别以为阳光越强烈越好，牡丹只喜欢暖暖的阳光！

牡丹的历史好悠久！

　　早在约3000年以前，牡丹就出现在《诗经》中了。秦汉时期，人们又发现了它的药用价值。后来，牡丹成为很多文人雅士吟咏、描摹的对象。等到隋朝时，牡丹更是入驻皇家园林，不知让多少花儿羡慕呢！唐朝时，牡丹已经变成了代表国运昌盛的花种，一时之间尽享荣宠。

淡雅高洁的菊花

秋天天气渐渐转凉，很多美丽的花儿开始枯萎凋零，但菊花却不同，它偏偏选择在这个季节绽放，似乎是在告诉人们：即使风霜来临，它依然能展现出与众不同的美丽。

花儿一瓣瓣

菊花个子不高，茎直直的，卵形的叶子对称生长，边缘有大小不一的锯齿，脉络清晰可见。菊花的生命力非常旺盛。菊花的花瓣有的是舌状的，有的是筒状的。你知道吗？舌状花为雌花，筒状花为两性花。

适应性强

菊花比较适合在温暖湿润的气候中生长，但它也耐寒，花朵还能抵御轻微霜冻，着实令人佩服，因为一般的花根本无法做到这一点。菊花就像野草一样，在很多环境中都能生存，从微酸土壤到中性地域，从繁华都市到偏僻乡村，都有菊花的身影。

月季，花中皇后

也许月季没有梅花高雅，没有牡丹华贵，但它花姿秀美，四季常开，香气浓郁，深受爱花人士的喜爱。你也许想不到，世界上的月季竟然多达万种！

在哪儿都能生存

月季对生长的土壤、气候没有苛刻的要求，只要稍微温暖一点就可以了；无论地植还是盆栽，月季总能默默地存活下来，绽放出明艳的花朵。

月季的模样

月季是一种直立灌木。它的枝稍微有些粗壮，上面还有很小的短刺。月季的叶子少而小，甚至连花枝都遮不住。花朵就不同了，又大又鲜艳。仔细观察，月季的花瓣是微微向外翻转的倒卵形，边缘有一个浅浅的缺口，很特别。

用处多

月季随和典雅的气质，使它成为了不可多得的装点花卉。庭院、园林、花篱、花架，有了它的陪衬，立刻变得温馨而又充满艺术感。人们还从月季中提取香料和药物成分，用于美容和医药呢。

13

杜鹃，美艳无双的花中宠儿

春季百花齐放的时候，杜鹃也迎来了它的花期。它们风姿绰约，仪态万方，赢得了"花中西施"的美誉。

杜鹃的秘密

杜鹃多生长在海拔 800 ～ 4500 米的山峦、低丘和田野地带。杜鹃的叶柄很短，叶子两面密布着小短毛；艳丽的花朵像一个个漏斗，随风摇曳。杜鹃适宜在半通风的阴凉环境中生存，酸性土壤是它的最爱，这也让它成了很多土壤研究者惯用的指示性植物！

它还有毒？

别看杜鹃花这么漂亮，有些种类可是有一定毒性的，千万不能随意吃它！如果我们误食黄色或白色杜鹃的叶子和花朵，很有可能出现恶心、呕吐、心跳过缓等症状，严重的还有可能危及生命。

端庄高雅的茶花

茶花的花瓣一层一层地叠在一起，中间围绕着花蕊，绿油油的叶子在阳光的照射下闪闪发光，一阵微风吹过，枝头的花朵轻轻摇曳，就像在随风舞蹈。

生长环境有要求

茶花喜欢偏酸性、含腐殖质较高并疏松透气的土壤。它的叶片又多又大，十分光滑，因此水分蒸发迅速，必须经常浇水。茶花愿意与微风做朋友，因为这能加速周围环境中的空气流动，充分吸收水汽。

从冬开到春

茶花每年在北半球天寒地冻的 11 月前后开放，直到春天百花争奇斗艳之时，茶花的花朵依然在枝头攒动，端庄高雅的茶花要持续开放到初夏，才会慢慢地枯萎。

花中大家族

茶花的栽种历史可以追溯到三国时期，那时人们就已经开始移植野生茶花来观赏了。唐宋以后，茶花作为观赏植物开始兴盛起来，发展到现在，全世界已经有 2000 多个茶花品种了。

出淤泥而不染的荷花

荷花的叶子如同一把大伞，上面时常滚着晶莹的露珠，给人一种清秀温润的感觉。荷花的花朵娇而不媚，散发着沁人心脾的香气，处处彰显出淤泥而不染的气质。

看它多出众！

荷花生活在淡水里，它的根茎埋在水下的淤泥中。又大又绿的荷叶边缘是波浪状的，仿佛在与水波共舞。直直的圆柱形叶柄上顶着一朵超凡脱俗的花，漂亮极了！花的中间是蜂窝一般的莲蓬，每一个小孔内还能结出圆圆的莲子。

荷花全身是宝！

荷花不仅是美丽的观赏植物，它的根茎和种子还是非常美味的食物。秋季，将埋在水底淤泥中的藕挖出来洗净，去皮就能食用。秋天人们还可以采集莲子，直接煮食或磨成粉。此外，荷叶、花和花蕊都是很珍贵的药膳原料。所以说荷花浑身是宝一点也不夸张。

受欢迎的"花神"

　　荷花盛开在夏秋时节，花期有两三个月，被誉为"六月花神"。它出于淤泥，却始终保持高洁的品性，因而深受人们的喜爱。

水仙，我的美丽超凡脱俗

你见过只喝水就能生长开花的植物吗？如果没见过，不妨去了解一下素洁清幽的水仙！那不染一丝尘埃的花瓣，黄黄的花蕊，幽幽的甜香，十分衬得起"凌波仙子"的雅名。

水中仙子

水仙的鳞茎就像饱满的洋葱，有了它，水仙就等于有了给养库，能及时补充水分和营养。水仙的叶子为苍绿色，扁平扁平的。最美的就要数它那白色的小花了，纯洁典雅，花蕊周围还有一个鹅黄色的保护罩，就像饮酒的金杯。

水仙从欧洲来

我国的水仙最初是唐朝时期从意大利引进的，距今已经有一千多年的历史了，经过不断培育，逐渐发展成独特的品种。现在，每逢农历新年的前两个月，人们就会在室内养上几盆水仙，当作年花。

别吃我，我有毒！

别看水仙美丽大方，但它的花、枝、叶以及鳞茎都是有毒的。如果误食，就会出现呕吐、腹痛、呼吸不规律等症状，严重的还会痉挛甚至死亡。

芍药，花中仙子

芍药与牡丹外形有些相似，艳丽程度也不相上下，因此被合称为"花中二绝"。在我国自古就有"牡丹为王，芍药为相"的说法。此外，芍药根还是非常珍贵的中药材，能治疗很多疾病呢！

芍药的用处可多了！

芍药的根是很珍贵的中药材，具有镇痛的作用。另外，芍药还是美容养颜的佳品，也是制作可口花茶、花饼的不错原料。

芍药知多少

芍药是一种草本花卉，能够持续生长多年。它的花朵像一个浅底大杯，多片花瓣簇拥在一起，非常漂亮。与牡丹花朵长在枝顶不同，芍药的大花与碧绿的叶子挨得很近。芍药喜欢晒日光浴，只有光照充足它才能开花。

它为什么也叫"将离"？

芍药美则美矣，却有个十分伤感的名字——"将离"。芍药在我国古代一直是被寄予爱意的情花，男女交往或订立婚约的时候，有相赠芍药的习俗。之所以叫"将离"，表达的是爱人之间依依惜别的情感。

向日葵，旋转的舞者

向日葵是世界上长得最高的花儿之一。它金黄色花瓣中间的大圆盘上长着密密麻麻的葵花子，这就是我们常吃的香喷喷的瓜子！

请叫它"抗旱能手"

向日葵的适应能力很强，在干旱贫瘠的土地中也能顽强地生存下来。它的根系十分发达，可以深入吸收土壤中的水分和营养物质；茎秆里面的"吸水海绵"，能长时间贮存水分；而它的茎部表面长有蜡质层和小刺，可以最大限度减少水分蒸发。这下，你知道为什么向日葵那么耐旱了吧！

向日葵为什么向着太阳生长？

向日葵在花盘盛开之前，身体每天会随着太阳从东转到西，太阳落下后再缓慢地转回来。这是为什么呢？原来，向日葵茎部有一种奇妙的植物生长素。这种生长素非常怕光，一遇光线照射，它就会跑到背光的一面去，而且它还会刺激背光一面的细胞迅速繁殖，所以，背光的一面就比向光的一面生长得快，这使向日葵产生了向光性弯曲，从而发生了转动。

葵花子真香！

向日葵分为食用种类和观赏种类。观赏向日葵我们一般在花店能够见到，而食用种类在农田非常常见。食用向日葵结出的葵花子是很美味的休闲食品，它富含大量油脂，经过加工还能制成食用油。

百合，王者气质的贵族

百合的美是低调而内敛的，它高雅纯洁，唯美清香，没有刻意的张扬，是许多人的心中挚爱。

精致的美

百合的鳞茎是扁球形的，鳞片紧紧抱在一起，很像莲花座；鳞片中间还有直立茎，上面长着互生的绿叶；茎秆顶端是簇拥在一起的花冠，类似向外卷起的喇叭。

百合中的女王

香水百合是百合中的珍品，它的花瓣没有任何斑点，就是纯净的白色。

"云裳仙子"

在我国，百合素有"百年好合""百事合意"的意思，一直被视为吉祥之花、"云裳仙子"。在西方文化里，高雅的百合是圣母玛利亚的象征，备受推崇。由此可见，百合有多么受欢迎！

药用价值也很高

百合有很高的营养和医药价值。古代的中医就已经发现了这一点，那时他们就开始用百合入药了。实践证明，百合具有清润止咳、清心安神的作用，是不可多得的中药和药膳原料。但是，用百合入药也是十分有讲究的，有些百合有轻微毒性，不能盲目食用。

郁金香，世界花后

郁金香与百合归属同一个家族，它那娇艳的花朵很像荷花，因而又名洋荷花。郁金香花色非常多，每种都鲜艳夺目，引人入胜。

它的要求并不多！

郁金香并不娇贵，它完全能适应冬季湿冷、夏季干热的气候。夏季，郁金香会静静地休眠；秋冬季节，它开始在土里悄悄发芽，但不会露出土层。等到来年春回大地，天气变暖，酝酿了近半年的郁金香才会努力长出枝叶。

美丽的误会

提到郁金香，大多数人都会想到荷兰，也自然而然地认为荷兰才是郁金香的故乡。其实，这是一个美丽的误会。郁金香的原产地在中国，它是从丝绸之路传到中亚，又从中亚传到欧洲去的。

荷兰国花

郁金香对于荷兰人来说，不只是国家象征那么简单。它早已深入到荷兰人的日常生活当中，就像美味的奶酪一样重要。作为一种强烈的生命符号，郁金香更像是一种信仰。荷兰人从服装配饰，到室内装修、家居陈列，到处都有郁金香的影子，难怪荷兰会被称作"郁金香的国度"了。

风信子, 纯洁与幸福之花

风信子的花朵虽小, 但胜在数量很多, 而且十分精致。密密麻麻的花骨朵自然地簇拥在一起, 简直就是一个长长的花球, 时时散发着迷人的香气。

生命力旺盛的风信子

风信子的根部长着球形的鳞茎, 没有开花时很像大蒜; 叶子长长的, 摸上去很有肉感; 一朵又一朵的小花紧紧地依偎着, 花瓣微卷, 把花朵间隙都遮住了。风信子生命力十分旺盛, 地植、盆栽、水养都可以。

没错! 它能重生!

风信子的花语是"只要点燃生命之火, 便可同享丰富人生"。这个花语道出了风信子的特点。花期结束时, 剪掉枯萎的花朵, 只要好好保存鳞茎, 来年春天风信子就又能开花了! 虽然花朵没有第一年多, 但这也足够让人兴奋了。

幸福的象征

　　欧洲人对风信子有一种特殊的情感，如宝石般美丽耀眼的蓝色风信子更是他们的最爱。在英国，蓝色风信子是新娘们首选的捧花花种，因为它象征着幸福和纯洁。婚礼上都要有它，寓意婚后生活甜蜜美满。

薰衣草，普罗旺斯的灵魂

薰衣草的香气清新淡雅，它的蓝紫色花序虽算不上极美，却有恰到好处的神韵。浪漫的普罗旺斯给了薰衣草一片广阔的生长天地，而正是因为那一片片动人的薰衣草花海，普罗旺斯也有了与众不同的灵魂！

薰衣草知多少

薰衣草枝顶的花序，集合起来很像大大的谷穗，只不过颜色要么是蓝色，要么是紫色。薰衣草既耐热又耐旱，还非常耐寒，只要生长的地方光照充足，通风良好，它就能开花。每年的 6～8 月是薰衣草的花期，等到花朵枯萎后，它就会积攒能量，期待来年的又一次绽放。

香草皇后

　　早在古罗马时期，欧洲人就对薰衣草情有独钟了。当时，人们被它的香气所吸引，经常用它沐浴。后来，一些上流社会的名媛淑女开始用它熏香、制作香包。接着，人们又发现了它的药用价值，用它来治疗蚊虫叮咬和失眠。现在，薰衣草已经变成了"百草之王"，它的茎、叶和花都能入药，是一种具有镇静、舒缓、催眠作用的植物。

普罗旺斯的风景

　　想要看薰衣草花田，法国的普罗旺斯是最佳去处，那里一年四季都有不同的薰衣草景观。冬天，皑皑白雪覆盖在整齐的枯茎上，别有一番风情；春天，枯茎争先恐后地冒出绿芽，处处生机盎然；等到夏季，艳阳高照，薰衣草花朵竞相绽放，整个普罗旺斯都沉浸在紫蓝色的海洋里；秋天一到，花农们开始紧锣密鼓地采摘花朵，到处都是一片繁忙的景象。

樱花，高雅质朴的象征

初春时节，天气还有些寒意，樱花却陆续开放了。它们或似一团害羞的云霞，天真烂漫，或似一段轻柔的白锦，柔软细腻。微风轻轻吹来，花片飘飘洒洒地落下，就像一阵花雨。那景象绝对是最美的视觉享受。

樱花树

樱花树是一种乔木，多分布在温带和亚热带。它的根系不发达，不适宜在聚水的低洼地带生长。樱花树喜欢阳光，还需要湿润空气的滋养。在北半球，每年3月左右，樱花树开始开花。一个月后，单瓣樱花树就能结出黑色的圆果子了，而复瓣樱花树则多半不结果。

樱花究竟来自哪里？

日本是樱花之国，全世界大部分樱花都分布在日本，那么樱花是否就原产于日本呢？答案是否定的。樱花的原产地在中国的喜马拉雅山脉一带，是唐朝时期传到日本去的。

典雅有毒的马蹄莲

见到马蹄莲，你一定会感叹造物者的神奇，因为它的花朵居然长得像马蹄，实在是太特别了！不过，那硕大的花苞十分精致，并不像马蹄那么粗糙。

一清二白另一说

初次见到马蹄莲的时候，很多人都觉得中间的"花柱"就是花蕊，其实并不是这样的。马蹄莲的花苞片并不是真的花瓣，它真正的花朵生长在中间的那根小柱子上，是整齐的黄色花序。只不过因为太小，看着像花蕊罢了。

马蹄莲的佛焰苞

马蹄莲最引人注目的地方不是它的花，而是包裹在花外面的苞片，它就像花儿的保护伞，因为形状像寺庙里供奉神佛的烛台，因此又叫作"佛焰苞"。龟背竹、红掌、花叶芋等植物也有这样的佛焰苞。

浑身是毒！

    马蹄莲外表看上去纯洁可爱，但它是有毒的！无论它的块茎、苞片还是花序都含有少量的结晶和生物碱，如果误食，会出现头晕、昏睡等中毒症状。日常生活中，我们要牢记这个常识，千万不要吃它。

鸢尾，有的不仅是美丽

繁花似锦的春天，鸢（yuān）尾也开花了！那碧绿花茎上的蓝色、紫色花瓣，好似活泼的蝴蝶在翩翩起舞。不仅如此，空气中还弥漫着它淡雅的香气。

它还能结出果实呢！

鸢尾是多年生草本植物，它的须根又细又短，茎却十分粗壮；长长的叶子绿油油的，好像宽宽的古剑。每年的 4～5 月是鸢尾的主要花期，这期间，花朵在短短的花梗上争奇斗艳，十分漂亮。6 月以后，花朵渐渐枯萎，花枝上开始慢慢长出椭圆形的小果子。

什么土壤适合它？

鸢尾其实一点也不挑剔，任何类型的土壤它都能适应。只要排水条件符合，湿度足够，土壤稍微松软些就可以了。不过，相比较而言，还是沼泽等黏性土壤更适合它。

鸢尾的价值真多！

　　鸢尾花造型奇特，叶片青翠雅致，花朵灵动漂亮，是庭院、花坛、盆栽的重要花种。另外，医药典籍曾记载，鸢尾有活血化瘀、祛风解毒的功效，是一味中药材。不仅如此，国外还用它来制作香水呢！

昙花，花期短暂的"月下美人"

茫茫夜色中，一朵朵昙（tán）花静静地开放，美得清新脱俗，被人们称为"月下美人"。但是，昙花的花期非常短暂，花朵从盛开到枯萎，一般只有4个小时。

昙花什么模样？

昙花是多年生灌木，分枝很多。它的花朵与莲花很像，花瓣层层叠叠舒展开来，每一瓣都像是精雕细琢的艺术品。那碧绿的花托、白色的蕊丝、黄色的蕊头，与迷人的花朵搭配起来，别提多美了！也难怪它的花语是"刹那间的美丽，一瞬间的永恒"。

昙花一现的秘密

为什么昙花的生命会如此短暂？其实这与它的"祖先"有很大关系。昙花原产自美洲热带沙漠地区，那里气候非常干旱，白天阳光强烈，就连昆虫也选择在晚上活动。昙花为了避免被强光暴晒，方便授粉，所以选择在夜间开花；而缩短开花时间，能减少水分的流失，让整株花的生命得到更好延续。

小小昙花的伟大用途

尽管昙花花期短暂，但它依然是很多人钟爱的植物。除了具有很高的观赏价值外，昙花还能释放出大量负离子，净化室内空气；而且昙花的气味有杀菌抑菌的功效，健康又环保。

无人不识的康乃馨

康乃馨也叫香石竹，它花色娇艳，端庄大方，香气清幽，就像母爱一样细腻、无私，让人念念不忘。将它送给母亲，不仅是表达我们的感激之情，更是对母亲的一种祝福。

它从欧洲来

康乃馨原产于地中海，在希腊等地中海沿岸国家有悠久的培植历史。康乃馨是高海拔植物，最初多生长在岩石缝隙和山坡上，经过不断培植品种才丰富起来。钙质土壤和阳光直射是康乃馨最主要的生长条件，它能忍受一定程度的低温，不惧怕寒冷的冬天。

母亲节与康乃馨

母亲节为什么要送康乃馨呢？这当中还有一段感人的故事。1906年5月9日，居住在美国费城的安娜·贾维斯的母亲去世了，她伤心不已。第二年周年忌日，她希望亲朋好友佩戴白色康乃馨来怀念母亲。后来她又提议把5月的第二个周日定为母亲节。经过很多人的不懈努力，1914年5月7日，美国国会终于通过了这项决议。后来，母亲节变成了世界性的节日。每逢母亲节，儿女们都会怀着感恩的心把康乃馨送给自己的母亲。

不同颜色，不同含义

不同颜色的康乃馨具有不同的含义：红色康乃馨用来祝愿母亲健康长寿；黄色康乃馨代表对母亲的感激之情；粉色康乃馨是希望母亲永远美丽、年轻；而白色康乃馨表达的是对已故母亲的怀念。

朝开暮落的木槿花

木槿（jǐn）花朝开暮落，单朵花花期只有一天，生命十分短暂。不过，它的每一次凋谢都是为了下次更好地盛开。

漂亮的花

木槿是一种落叶灌木，大约有3～4米高，叶子边缘上有大小不一的锯齿。木槿的花期在7～10月，艳丽的花朵长在枝头或叶腋间，错落有致。木槿花的颜色主要有白色、紫色和粉红色三种，每一种都各有千秋。

从不挑环境

木槿的适应能力很强，即使土地再贫瘠，也有它的一方天地。木槿还是一个乐天派，只要有阳光，空气够湿润，它就能顽强地生长。一旦在土里扎根，它就会默默地生长下去，无惧寒冷，不怕高温。这种不怕困难的精神，是不是很值得我们学习呢？

还能吃？

木槿对二氧化硫等有害气体具有抗性，还有出众的滞尘能力，是非常理想的绿化树种。另外，木槿花的口感清脆爽滑，富含蛋白质和维生素。盛夏时节，我们可以采摘新鲜的花瓣，用来做汤或熬粥。

45

清新幽香的茉莉

茉莉的淡雅一直被人们所称颂。从夏到秋，这些闪烁在绿叶间的"珍珠"，一直连绵不断地绽放，将自己独有的幽香与自然分享。

茉莉面面观

茉莉是一种常绿的小型灌木。它身材矮小，枝条却又细又长。茉莉的叶子是椭圆形的，叶脉像人体血管一样清晰。每年的 6～10 月，茉莉翠绿的枝桠会长出小小的花骨朵，并散发出浓郁的香气。

我不只是花哟！

茉莉花色洁白，清雅宜人，用来做盆栽和庭园花卉最合适不过了！人们还能从这一朵朵小花中提取香精，用来制作精油。此外，茉莉花还可以与茶叶一起制成口感醇厚的茉莉花茶，不但香气浓郁，醇厚爽口，还有解郁理气、提高人体免疫力的功效，有非常好的保健作用。

昼绽夜合的睡莲

炎炎夏日，金色的阳光洒满池塘。碧绿的莲叶像少女的裙摆，上面隐隐约约滚动着几滴晶莹的露珠。在莲叶与水光之间，散落着或大或小的睡莲。

朝开暮合

睡莲非常喜欢强光，这让它养成了"白天开花，夜晚闭合"的习性。睡莲的个子不高，看起来也有些弱不禁风，但它有一定的耐寒能力，对环境的要求也没有那么严格，所以在池沼、湖泊以及公园的小水池中，经常能看到睡莲俏丽的身影。

生命旅程

　　睡莲萌芽于草长莺飞的春天。3～4月，睡莲碧绿的小叶子开始迫不及待地窜出来，想要感受万物复苏的气息。6月以后，睡莲陆续开花，装扮池塘。一直到8月末，它的花期才结束。10月份，睡莲的茎叶慢慢枯萎，它要睡很长一觉，等到来年再次萌发。

神圣之花

　　睡莲的花色艳丽，花姿迷人，宛若湖中仙女般超凡脱俗。早在2000多年前，古埃及人就已经懂得如何栽培睡莲了。古埃及人相信太阳就是睡莲绽放的化身，象征着永远不会幻灭的神灵。现在，我们仍然能在一些古埃及寺庙里发现睡莲图腾。

努力与坚持并存的栀子花

栀（zhī）子花穿着洁白漂亮的芭蕾舞裙，在翠绿的枝头踮起脚尖，与清风共舞，那淡淡的香气萦绕在鼻间，沁人心脾。

它的样子

栀子是一种常绿灌木，身形有些矮小，很多株相依相伴生长在一个地方。每个枝头只会生长一朵花，里面的花丝很短。每年的 5 ～ 8 月，是栀子花的花期。花落以后，还会结出卵形的橙红色小果子，十分喜人。

栀子花适合什么环境？

栀子花比较喜欢温暖、湿润的环境，对光照要求很高。栀子花怕积水，适宜在疏松、肥沃又排水良好的酸性土壤中生活。不过，栀子花也不像我们想象得那么娇弱，除了耐寒之外，它还能适应半阴环境。

栀子的大用途

栀子四季常青，花朵洁白大方，香气浓郁，是良好的绿化灌木。栀子花有很高的食用价值，与竹笋、蜂蜜、韭菜搭配能制成各种美食。此外，栀子的花朵、果实、叶子和根茎都可入药，《本草纲目》中就记载它有"清肺止咳，凉血止血"的功效。

牵牛花，艳丽的喇叭

篱笆上的牵牛开花了，那颜色各异的"小喇叭"为篱笆穿上了一件别致的外衣。

它是缠绕草本植物？

　　牵牛是一年生缠绕草本植物。藤蔓缠绕能力强，能长到 3 米高！牵牛的叶子宽宽的，有卵形的，也有近圆形的。每年 7～9 月，牵牛就开始开花了。白的、粉的、蓝的、紫的，多种多样。花期过后，牵牛会结出近球形的小果子，里面就是牵牛的种子。

生命力旺盛的牵牛

　　牵牛的生命力非常旺盛，它不怕高温酷暑，对于生长土质也没有什么苛刻的要求。山坡灌丛、山地路边、干燥的河谷旁以及住宅周围，都是牵牛的乐园。不过，牵牛也有弱点，那就是比较怕霜冻，天气寒冷时，它往往会提前枯萎。

牵牛与矮牵牛

　　矮牵牛与牵牛有明显的区别。矮牵牛是多年生草本植物，花朵没有牵牛花花朵那么规则，但花色更多样，有些品种上面还有条纹。最重要的是，它没有缠绕能力。此外，牵牛的花期在 7～9 月，而矮牵牛的花期在 5～7 月。

满天星，美好的点缀者

茫茫夜色中，点点繁星不算最耀眼的，却是最令人难忘的。满天星就是这样一个角色，也许它在一片花海中不是主角，但缺了它，主角也会失去光彩。

生命力顽强！

满天星多生长在海拔 1100～1500 米的草地、河滩、固定沙丘以及石质山坡上，它生命力特别顽强，根系生长迅速，能在各种环境中生存。

它有什么习性？

满天星喜欢温暖湿润的环境，比较热爱阳光，不喜欢炎热和潮湿。它适宜在土质疏松、排水良好的微碱性土壤中生长，足够的水分也是保证它正常开花的条件之一。如果这些条件都达到了，欣赏满天星的花姿也就指日可待了。

不张扬的个性

　　满天星花朵极小，如繁星点点，不张扬，也不绚丽。但是，满天星不容易凋谢，玫瑰、百合等鲜花插在花瓶里可能一周就凋谢了，而满天星可以保持美丽的花姿半个月以上。

悬铃花，铃儿响叮当

悬铃花有风铃一般的身姿，清风徐徐吹来，美丽的花朵轻轻晃动，那时隐时现的身影恰似花中仙子，让人忍不住驻足凝望。

"铃铛"挂起来了！

悬铃花是一种小型灌木，四季都穿着绿绿的外衣。它的叶子外形多变，上面有小小的锯齿。红红的花瓣并不展开，而是呈螺旋状紧紧抱在一起，形成了一个铃铛。长长的雄蕊伸出花朵外，好似摇铃的长线。

来自南美洲

悬铃花原产自南美洲，喜欢高温、湿润以及光照充足的环境。它生命力顽强，既耐热又耐旱，对土壤的要求也不高。现在，悬铃花的足迹已经遍布热带和亚热带地区了。

主要价值

　　悬铃花很容易栽培，只要选取一定长度的粗壮嫩枝插到沙土中，三四周后它就能生根发芽了！因此，它具有很高的园林价值。经研究，悬铃花还能吸附烟尘、净化空气，是非常难得的绿化灌木。

海棠花，百花之尊

海棠花是雅俗共赏的花，既有直观的美感，又有独特的风骨，素有"百花之尊"的雅称。它的花蕾十分娇艳，花朵妩媚动人，就像挂在天边的朵朵云霞。

海棠朵朵开

海棠是中国特有的一种小乔木，株高可达 8 米。幼年时期，海棠的树枝是褐色的，随着年龄的增长，枝条会慢慢变成红褐色，十分神奇！海棠的叶子是椭圆形或长圆形的，小叶上面有很多稀疏的短毛，渐渐地，这些短毛也会消失。至于花朵，无疑是最耀眼的，花朵、花蕾挂满枝头，别提多漂亮了！

价值多多

海棠花花姿丰盈，对一些污染气体有很好的抗性，可以用来绿化街道或矿区；海棠树木质坚硬，能制作家具；海棠果的营养价值很高，甚至能与猕猴桃媲美，常被制作成休闲食品或药品。

悠久的栽培历史

　　海棠在中国有悠久的栽培历史。早在汉代，海棠作为一种观赏植物，就已经入驻皇家林苑了。唐朝时，经过不断培植，海棠越来越受到人们的重视和喜爱。就连唐明皇李隆基也盛赞过海棠。到了近代，海棠得到更广泛的种植。

曼陀罗，美丽的"毒仙子"

曼陀罗花姿秀美，还有淡淡的芳香，但可惜的是，它生来就带有毒性。那硕大的花朵不知让多少人倾倒，但却不能轻易接近，实在是有些遗憾。

它的果实好多刺啊！

曼陀罗是茄科一年生草本植物，在一些低纬度地区，它可以长成小型灌木。曼陀罗的茎比较粗壮，枝杈很多。它的叶子呈卵形，花朵很像大喇叭。曼陀罗最特别的要数它的果实了，简直就是一个刺球，里面是黑色的种子。

生命力旺盛

曼陀罗适应能力很强，荒地、林地、山坡甚至住宅旁，处处能看到它曼妙的身影。这种植物害怕寒冷，喜欢生长在光照充足的地方。不过，曼陀罗对于土质的要求不高，即使贫瘠也没有关系，因为超强的适应能力会让它生存下来。

浑身是毒！

曼陀罗全身都有毒，尤其种子毒性最为强烈，其次是嫩叶。如果有人不慎吃了曼陀罗，有可能会出现晕睡、痉挛甚至死亡的严重状况，所以千万不能随意进食。不过，曼陀罗在医药上也有用武之地。它的花、叶、种子都能入药，对于神经性痛症有很好的疗效，还能用于麻醉。

喜欢清凉的紫罗兰

紫罗兰是欧洲的名花之一，它花香清幽，外表甜美。那一片片碧绿的叶子，一朵朵紫色的小花，热闹地挤在一起，就像纯真无忧的小朋友，做着有趣的游戏。

记住它的样子吧！

紫罗兰是一种多年生草本植物。它的个头不算高，通常只有30～60厘米。紫罗兰的叶子按顺序生长，大小不一，既有长圆形的，又有倒披针形的。它的花梗十分粗壮，花朵长在顶端或腋下，花色有紫红、淡红、淡黄等多种颜色，非常漂亮。

清凉的感觉真舒服

紫罗兰生来就喜欢凉爽，就算天气有一点寒冷也没有关系。它害怕燥热和积水，因此适合栽种在地势较高的地方。那些土质疏松、肥沃又深厚的土壤更有利于它的成长哟！

紫罗兰的价值

不论制成盆栽、布置园林，还是插花，紫罗兰的观赏价值都很高。另外，因为它那淡淡的香气，欧洲人还用紫罗兰花朵制作香水，备受广大女性青睐。此外，紫罗兰花朵还有医药和美容价值呢。

浑身带刺的仙人掌

翠绿的仙人掌有很多"手掌"，远远望去好像与我们亲切地打招呼似的。可是，我们即使再喜欢，也不能轻易接近它，因为它穿了一件带刺的"盔甲"。

它太特别了！

仙人掌是一种丛生肉质灌木。它的茎非常肥厚，是一种倒卵形的"巴掌"。它的叶子已经退化，就是那一根根尖尖的刺。仙人掌的花朵通常长在刺座上，形状多样，五颜六色，很吸引人。它的果实多数是肉质浆果，有梨形的、圆形的，还有奇特的棍棒形。

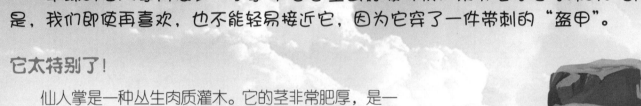

生存！生存！

仙人掌可以在干旱的沙漠中生存下来，是什么原因让它能忍受那么酷热的天气呢？答案就在它的身上。仙人掌根系发达，能在贫瘠的沙漠里尽可能地吸收水分；它的刺状叶子可以减少自身水分蒸发；而那肥大的"手掌"里面有很多薄壁组织细胞，表面还有一层起保护作用的蜡质层，这些构造都有利于保持水分。

仙人掌王国墨西哥

　　仙人掌是墨西哥的国花，墨西哥国旗、国徽上都有仙人掌的形象。全世界仙人掌共有 2000 多种，其中一半以上的品种在墨西哥。墨西哥人相信，仙人掌是神灵赐给他们的礼物，仙人掌坚韧、无畏的品格正是他们最好的象征。

可爱的多肉植物

多肉植物长着胖乎乎的叶子，像肥嘟嘟的婴儿一样可爱。它们品种多样，造型多变，被引入花卉市场后就受到了人们的青睐，成为世界各地广受欢迎的盆栽宠儿。

多肉植物的分类

多肉植物属于高等植物，有万余种，现在作为盆栽的主要属于景天科和仙人掌科。它们的叶子厚厚的，鲜嫩多汁，姿态万千，有的像盛开的莲花，有的像翠绿的玉珠，有的像晶莹剔透的琥珀……

奇妙的花朵宝石花

宝石花的叶片肉嘟嘟的，就像宝石一样，而且叶片彼此交错重叠分布，看起来就像漂亮的花朵。宝石花肥嘟嘟的叶子就像一座座小型水库，储存着大量水分，即使主人长时间不给宝石花浇水，它依然能够正常生长。

晶莹剔透的冰灯玉露

阳光下，冰灯玉露的叶片晶莹剔透，闪耀着明亮的光泽，一条条嫩绿的纹路点缀在叶子表面，让叶子看起来就像用翠玉雕刻成的珍贵艺术品。冰灯玉露喜欢清凉通风的环境，夏天气温很高的时候，它会进入休眠状态，这时候，它的叶子会比平时萎缩，颜色也会稍微暗淡。当气温降低后，冰灯玉露就睡醒了，它吸收大量的水分，叶片会重新变成晶莹剔透的状态。

木棉，英雄之花

木棉花挂在枝头，艳丽却不妖媚。它高昂、严肃、潇洒，被称为"英雄之花"。

高大的花树

木棉是一种大型落叶乔木，可以长到 40 多米高。它的枝干上长满了圆锥状的棘刺，似乎在警示我们不能随意攀爬。每年 2～3 月，木棉进入花期，一朵朵红色的花簇拥在枝头，好似一团团火焰。

它生长在南方

　　木棉的故乡在我国南方，它喜欢光照充足、气候湿润的环境。木棉生命力顽强，能耐旱，还能抵御大风侵袭。不过，它也怕寒气，忌积水。一般情况下，在那些深厚、肥沃、排水不错的沙质土壤中，木棉会生长得更好。

英雄树

　　木棉树干笔直，树形挺拔，这是英雄般的身姿；它身上长满棘刺，不允许随意攀爬，这是英雄的风骨；花开时烈焰似火，花落时决然洒脱，这是英雄的气魄。也难怪大家会称赞它为"木中豪杰"了。

淡雅清丽的丁香

淡紫色的小花藏在郁郁葱葱的枝叶间，时隐时现，精致又纯粹。阵阵幽香袭来，犹如尘封的美酒让人沉醉。这就是丁香，虽没有让人过目不忘的容颜，却有动人心魄的风情。

习性知多少

丁香适应性很强，既耐寒又耐旱，更不怕土壤贫瘠。只要平时注意浇水不过于频繁，偶尔铲除一下周围的杂草，丁香就能凭借自己的力量长得很好。

爱情之花

在古代，丁香是很多青年男女钟爱的爱情之花。现在，我国云南崩龙族和傣族聚集的地方，每年会举办一次"采花节"。节日期间，青年男女会采摘丁香花送给自己的恋人，表达爱意。有些地方还把丁香当作定情信物，如果女方同意男方的求亲，就会送给他一束丁香花，十分浪漫。

悠久的栽培历史

据说，早在宋代我国就已经广泛栽培丁香了。那时人们把它种植在土岗上，形成一道道帷障，来点缀假山和园林。经过不断培植，明清时期，各大园林、庭院当中都可以看到丁香。

君子兰，富贵之花

君子兰时而像个亭亭玉立的公主，纯洁娇媚；时而像个统领千军万马的将军，傲然霸气。这两种看似无法相融的气质，偏偏都集中在君子兰身上，很神奇！

它的叶子好奇特！

君子兰是一种多年生草本植物。它的根是白色的，有些粗壮；那宝剑形的叶子整齐地排列在两旁，就像没有完全打开的扇面；犹如小伞的花朵长在顶部，紧紧地挨在一起，形成了一个橙红色的大花束。

它有些娇弱

　　君子兰来自非洲南部的热带地区，多生长在茂密的树下。它有些娇弱，既怕炎热又怕寒冷，喜欢半阴半湿的环境。温度超过 30℃ 或低于 10℃，都会限制君子兰的正常生长，所以它是适宜室内培养的温室花卉。另外，君子兰还比较喜欢肥沃、疏松的微酸性土壤。

多重价值

　　君子兰叶、花、果都很美，我国民间素有一季观花、三季观果、四季观叶的说法。除了观赏价值外，君子兰还有很高的环保价值。它不仅能吸收二氧化碳释放氧气，还能在一定程度吸收尘埃，净化空气。

桔梗花，平凡中的伟大

灿烂的阳光下，桔梗（jiégěng）笔直的身躯静静默立，一阵清风吹来，它们微微扬起了头，蓝紫色的花瓣随风摆动，好似一汪清泉荡起的波纹。

生长习性

桔梗生长在向阳草丛或灌木丛中。它能承受一定程度的高温和严寒，因为它的根十分粗壮，能及时贮存养分。当"体力"不支时，粗根可以及时为桔梗补充能量。

药用价值

桔梗具有很高的药用价值。《神农本草经》曾记载，桔梗的根是一味中药，具有祛痰止咳、利咽散结的功效。现代医学也用桔梗根制作药物，而且经常与板蓝根和甘草等中草药搭配使用。不过，要想用桔梗取得治疗效果，还要听从医生的建议，不能盲目进食。

花中美味

韩国人很早以前就有食用桔梗的习俗。他们把桔梗根腌制冷藏起来，制作成美味的菜肴。我国吉林延边的朝鲜族人喜欢采集桔梗叶子当作新鲜的蔬菜食用。此外，桔梗还可以酿酒、制成糕点，它的种子还能榨成食用油。

紫藤，流动的紫色瀑布

　　紫藤是十分受欢迎的观赏藤木。那一串串紫色的花序悬挂在绿叶与藤蔓之间，就像飞流直下的紫色瀑布，美丽又壮观。

开花啦！

　　4～5月，紫藤开花了！那小小的花朵聚在一起，一嘟噜一嘟噜的紫藤花悬挂在枝干中央，像一串串小风铃。浓郁的清香随风飘来，让人心旷神怡。

紫藤的世界

　　紫藤寿命很长，十分受欢迎。人们将它布置在园林棚架上，每年春天都能欣赏到紫瀑倾泻而下的美景。世界上最大的紫藤位于美国加利福尼亚州南部西埃拉马锥市的一户私人宅院内，这株紫藤覆盖面积达4100多平方米，超过250吨重，已经有120年历史了。日本栃木县有一株140多岁的紫藤，它的覆盖面积近2000平方米，十分壮观。

艳丽的紫薇

紫薇树姿优美，花色更是艳丽，紫红色、蓝紫色、火红色……当紫薇树开花时，满树的花艳丽如霞，所以紫薇又被称为"满堂红"。

美的追求

紫薇虽然没有其他乔木那样高大的身躯，但它胜在树形优美。幼年时期，紫薇树树干有些粗糙，成年以后，那层粗糙的外衣会慢慢脱落，变得光滑起来。每年从6月份开始，紫薇会陆续地开花，花瓣有些褶皱，像少女裙摆上的轻纱，自然又别致。紫薇的果实是一种棕褐色的小圆球，成熟以后会自然开裂。

花开百日红

紫薇喜欢光照充足的温暖环境，以及土层深厚、排水良好的中性土壤。它耐旱耐阴，还不怕寒气侵袭，生命力顽强。紫薇从夏初开始开花，一直开到9月份，花期多达百天，所以它也被叫作"百日红"。

多种价值

紫薇花姿秀美，花期和寿命都很长，是非常受欢迎的观赏乔木。另外，它对二氧化硫、氟化氢以及氯气的抗性非常强，有利于缓解污染。此外，紫薇的树皮、叶子和花朵都能入药，具有清热解毒、祛风利湿的功效。

香雪兰，高雅清幽之花

香雪兰的花蕾高高地立于花茎之上，似乎时刻都在享受暖暖的阳光，那姿态高雅极了！

长"脖子"

香雪兰是多年生球根草本植物。它有很多小须根，球茎像蒜瓣一样，外面包裹着一层薄膜；翠绿的叶子是剑形的，光滑无毛；花朵长在长茎顶端，一朵朵花集中在一起，把花茎都压得弯弯的。鲜黄色、淡紫色、纯白色、亮红色……香雪兰的花色可真不少。